SOMBRAS DA PERCEPÇÃO

SOMBRAS DA PERCEPÇÃO

POEMAS DE GEOFFREY LYNN

Aurora Fornoni Bernardini
tradução

Ateliê Editorial

Copyright © 2010 by Aurora Bernardini

Direitos reservados e protegidos pela Lei 9.610 de 19 de fevereiro de 1998.

É proibida a reprodução total ou parcial sem autorização, por escrito, da editora.

Dados Internacionais de Catalogação na Publicação (CIP)
(Câmara Brasileira do Livro, SP, Brasil)

Lynn, Geoffrey
Sombras da percepção / poemas de Geoffrey Lynn; Aurora Fornoni Bernardini tradução.
Cotia, SP: Ateliê Editorial, 2010

ISBN 978-85-7480-520-7

Ed. bilíngue: inglês/português

1. Poesia inglesa I. Título.

10-01664   CDD-821.4

Índices para catálogo sistemático:
1. Poesia: Literatura inglesa   821.4

Direitos reservados à
ATELIÊ EDITORIAL
Estrada da Aldeia de Carapicuíba, 897
06709-300 – Granja Viana – Cotia – SP
Telefax: (11) 4612-9666
www.atelie.com.br / atelie@atelie.com.br

Printed in Brazil 2010
Foi feito depósito legal

ÍNDICE

Tangle	8	9	Emaranhado
A Rose	10	11	Uma Rosa
A Mistake	12	13	Um Erro
Vision	14	15	A Visão
Chilled	16	17	Frio Para Valer
Contact	18	19	Contato
Christmas	20	21	Natal
Day's End	22	23	Fim Do Dia
Dinner	24	25	Jantar
Doorway To The River	26	27	Caminho Do Rio
E-Mail	28	29	E-Mail
Existence	32	33	Existência
Figurine	34	35	Estatuinha
Fragility	36	37	Fragilidade
From Abroad	40	41	De Além Mar
Glory	42	43	Glória
Johnny-Boy	46	47	Johnny-Boy
Mood	48	49	Estado De Espírito
Moonglow	50	51	Luar
Please	52	53	Por Favor
Poems	54	55	Poemas
Poèsy	56	57	Poesia
Storm	60	61	Temporal
To Dream	62	63	Sonhar

Tea	64	65	Chá
Tempus Tardus	66	67	Tempus Tardus
The Dream Spirit	68	69	O Espírito Do Sonho
The Mutant Past	70	71	O Passado Mutante
The Portrait	72	73	O Retrato
The Smile	74	75	O Sorriso
The Translator	76	77	A Tradutora
The Appearance	78	79	Aparência
The Misogynist	80	81	O Misógino
The Muse	82	83	A Musa
The Silent Samovar	84	85	O Samovar Silencioso
Anniversary	86	87	Aniversário
At The Oxford Ball	88	89	O Baile De Oxford
Autumnal Thoughts	92	93	Pensamentos De Outono
Coquette	94	95	Coquete
Deciding	96	97	Decisão
Desecration	98	99	Profanação
Sonnet For The Dead	100	101	Soneto Ao Morto
A Sad Loss	102	103	Grave Perda
The Soldier-Boy	104	105	O Soldado-Menino
One Day	106	107	Um Dia
End Thoughts	108	109	Pensamentos Finais
To Die	110	111	Morrer
The Flame	112	113	A Chama
To Understand	114	115	Compreender
Token	116	117	Penhor
Janet	118	119	Janet
In Brief	120	121	Breve
Life's Ending	122	123	O Fim Da Vida
No Answer Available	124	125	Nâo Há Resposta

Of Summer	126	127 Verão
A Ribbon In Her Hair	128	129 Uma Fita Em Seu Cabelo
Sweet Renaissance	130	131 Doce Renascer
The Fallen Star	132	133 A Estrela Caída
Absent Victors	134	135 Vencedores Ausentes
Winston Spencer Churchill	136	137 Winston Spencer Churchill
Twilight	138	139 Crepúsculo
Apart	140	141 Separados
The Poet	142	143 O Poeta

TANGLE

Despite the milling crowd with tumult loud,
   I am alone – enigma to my thought,
   Entrapment by a web in which I'm caught
For I'm unique – a fact of which I'm proud;
But all the pride with which I am endowed
   Does not solve the mystery as it ought
   Denying me the answers which I've sought
And thus my head remains forever bowed.

What price all this confusion in my mind?
   Can I divine fate's ultimate decree?
In vain I hope that someday I will find
   A way from out the tangle that is me;
But if the fates decide to be unkind –
   Then never shall I know my soul is free.

EMARANHADO

A despeito da multidão e seu tumulto
  – Enigma pra mim mesmo – estou sozinho,
  Preso por uma teia em que estou cativo
Único e só – o que é meu orgulho oculto.
Mas todo o orgulho de que sou dotado
  Não aclara o mistério que deteve
  Negando-me as respostas que me deve
E assim minha cabeça está baixada.

Pra que essa confusão na minha mente?
  Não posso adivinhar o meu decreto?
Em vão espero um dia em que de repente
  Possa encontrar a saída desse enredo;
Mas se a sorte resolver ser inclemente –
  Não saberei que eu ser livre é seu segredo.

A ROSE

Gradually my bloom will fade
To show a wrinkled muted shade,
One by one my petals fall
Down to earth beyond recall,
My head is bent, devoid of scent
And I shall die as I was meant.

But wait until the summertime
New buds arise all in their prime,
And each come to fullest bloom
Despite my apparent doom,
Growing to flower so fair to see
– My perfumed immortality.

UMA ROSA

Minha flor aos poucos vai murchar
E uma sombra enrugada vai sobrar,
   Uma a uma, as pétalas caindo
   Ao chão, uma à outra se seguindo
E a copa é pendente e sem perfume,
De morrer não me salva nem um nume.

Mas espere até o tempo de verão,
Minhas gemas vão surgir em botão
   E cada uma chegará à sua flor
   Apesar de meu destino de dor,
Vendo a corola, em completa beldade,
– Minha perfumada imortalidade.

A MISTAKE

Oh! Why did I leave her?
    What fool I was to go,
I couldn't just believe her
    I didn't want to know
    Because I loved her so.

So now I have lost her
    And we are far apart,
How stupid not to trust her
    And listen to my heart –
    I wasn't very smart.

Perhaps I can find her?
    And ease this sorry pain,
I just can't live without her
    I want her back again
    For always to remain.

UM ERRO

Ah! Por que a deixei?
   Loucura foi eu ir,
Por que não acreditei
   Saber é o que não quis
   Amava-a e fui feliz.

Agora eu a perdi
   E estamos separados
Que tolo fui, não cri.
   O coração calado,
   Estou apoquentado.

Quem sabe possa vê-la?
   E aliviar a minha dor,
Não sei viver sem ela,
   Quero que volte o amor,
   E fique o quanto for.

VISION

Our eyes observe the world objectively,
    Vision creates the image in our mind
    Eyesight alone can only be but blind;
Ideas act on what we think we see.
    Emotion sets imagination free
    Provoking an appearance that we find
Acceptable, as being thus inclined.

All things we see or hear are so resolved
    To give a view more easy to accept,
Unpleasantness in viewpoint now is solved
    In such a way you never would expect,
Things seen and heard are not quite how they seem:
    But shadows of perception in a dream.

A VISÃO

Os olhos vêem o mundo em objetiva,
   A visão cria em nossas mentes uma imagem
   Que por si não passa de miragem;
A idéia age no que se pensa ver,
   A emoção, no que se pensa ser.
   Livre, provoca o que parece
Aceitável, por termos tal clivagem.

Tudo o que é visto e ouvido está disposto
   A dar a forma mais fácil de aceitar,
O que é desagradável é reposto
   De um modo que jamais se iria esperar.
As coisas que se vêem não são o que são:
   Num sonho, são sombras da percepção.

CHILLED

The fall of shadows from the setting sun
Grows longer when the day is almost done,
*   The bluster of chill winds along the street*
*   Making cold the handshake when you meet*
A huddled form fast bound for home and hearth,
To flee from winter by the shortest path.

Hot soup with pasta, Whisky neat – no ice
Spiced meat with beans and rice – Ah! Very nice,
*   Then coffee, hot and strong completes the charm*
*   I do believe, in fact, I'm getting warm,*
Now to relax with slippers on my feet
Winter outside, wind wailing in retreat.

Tomorrow will arrive but what care I,
A hat, a heavy coat, wool socks to vie
*   With anything the weather sends, so that*
*   In case of rain I'll simply wear a hat:*
So come winter, care not what you bring,
For soon you will be gone, then cometh Spring.

FRIO PARA VALER

As sombras que se poem do sol que cai
Ficam mais longas quando o dia se finda,
   O soprar pela rua da ventania
   Torna o aperto de mão bastante frio,
Uma forma encolhida quer calor,
Foge do frio pelo atalho menor.

Whisky sem gelo, massa na sopa quente,
Guisado com feijão, isso é um portento,
   Café curto que completa a contento,
   Estou esquentando, acredito piamente,
Vou relaxar com chinelos no pé
Inverno fora e, em casa, cafuné.

O amanhã chega mas não vou ligar,
Chapéu, casaco, meia para barrar
   O que o tempo faz de modo que
   Quando chove tenho com o que
Me proteger. Não ligo mais, pudera,
Metade se foi, e logo é primavera.

CONTACT

I'm waiting by the telephone,
    I'm waiting for its shrilling;
Waiting, waiting all alone
But all I get is dialing tone,
    It's not exactly thrilling.
But Ah! I see I'm quite forgetting,
    Oh! What a stupid dunce;
Perhaps she's simply internetting,
Perhaps no need for all this fretting,
    I'll turn it on at once.

Hello! What's this, the postman's call?
    Nor any mail for me?
If there is please hurry, hurry,
All my hopes are in a flurry,
    No letter do I see.
So, no word of any sought,
    It seems she won't contact me;
Never just a passing thought
But a lesson I've been taught,
    And that's the point exactly.
In matters of communication
    It's wise to take a view
That might improve the situation,
Maybe cause less aggravation
    Try "Don't call me, but I'll call you"

CONTATO

Espero o chamado.
   Tinir enlevante,
    E eu sempre esperando,
A linha ocupada
   Não é nada excitante!
Esqueci isso direto,
   Idiota completo!
Se está na Internete
Ninguém se intromete,
   Mas logo dá certo.

Quem é? É o carteiro?
   Há algo pra mim?
Se há, pule o canteiro,
Palpite certeiro?
   Não há nada. Eu vi.
Então não há nada,
   Não quer o contato,
Nem fato, nem ato,
A aula: gravada
   E é o ponto exato.
Se quiser comunicar
   É sábio se decidir
E a situação melhorar
Sem causar mal-estar:
   "Não chame a mim, chamo a ti"

CHRISTMAS

What do I want for Christmas?
    That's quite a question too,
What would I like for Christmas?
    Of all the things on view,
What do I need for Christmas?
    Should it be old or new?
What is my choice for Christmas?
    Please tell me, one or two.

What means the most for Christmas?
    Out of the very few,
What should I have for Christmas?
    Please tell me what to do,
What do I want for Christmas?
    Nothing except for you,
If I can have you for Christmas
Then Christmas bells ring true.

NATAL

O que querer no Natal?
    Essa é uma boa questão,
O que quero no Natal?
    Das coisas que aí estão,
O que receber no Natal?
    É coisa nova ou velha?
O que escolher no Natal?
    Bem, o que der na telha.

O que é melhor no Natal?
    Uma das coisas poucas,
O que posso ter no Natal?
    Peço-lhe, abra sua boca,
O que vou querer no Natal?
    Só você, nada além.
Se eu a tiver no Natal
O sininho faz blém, blém.

DAY'S END

When daylight dies into the western sky
    And the crimson orb of the sun sinks low
The twilight, all gentle, as if so shy
Covers all aspects as with a sigh;
    Preceding dark night and the moonlight's glow.

All things are soft in the twilight's dim light,
    The steeple, the people, the hard tower wall,
The bridge and the boats, all steadily bright,
While evening comes pending stygian night;
    For twilight will end but memories recall.

The noise of the day with clamour and shout,
    Glassy reflection from windows you see,
People in shops buying everything out
Bustle with crowds, not sure what they're about;
    Then the day's end and it's twilight for me.

FIM DO DIA

Quando o dia morre na linha do poente
    E a esfera rubra do sol cala bem fundo
O ocaso gentil, quase temente,
Cobre de suspiros todas as suas frentes
    E noite de luar vai anunciando ao mundo.

Tudo é suave à luz opaca do ocaso,
    A agulha, a gente e o duro muro da torre
De cor fixa e vibrante, a ponte e os vasos,
Enquanto a noite chega com seus passos rasos
    E as memórias voltam quando o ocaso morre.

O rumor do dia, gritos e clamor,
    Você vê às janelas um vítreo carmesim,
Gente nas lojas comprando com fervor,
Grupos se agitando, incertos no andar,
    Aí o dia finda e é o ocaso para mim.

DINNER

To follow proper etiquette
    When invited out to dinner
You have to eat the food you get
Though it may be repulsive, yet
    You make out that it's finer.

It may be greasy, getting cold
    Some dish you view with sorrow
The meat may taste a trifle old
You eat it with all action bold
    For trouble on the morrow.

Desert may be so sticky, sweet
    All adherent to your cheek
The coffee smells like dirty feet
And after it you're full, replete,
    Saying to your host – "Unique".

JANTAR

De acordo com a etiqueta
   Se convidado a jantar,
Há que comer e estar quieto,
Mesmo se não for gostar
   Faça o que a regra mandar.

Pode ser frio e gorduroso
   O prato que foi proposto,
A carne cheira e é esponjosa
E você a vê contra gosto,
   Come, e fica indisposto.

A sobremesa, uma gosma,
   Quando ela gruda no prato,
O café frio, pura losna
E quando estiver saciado,
   Diga ao amigo: –"Encantado".

DOORWAY TO THE RIVER

A Painting

Gazing on reflection's glimmer
    I wonder how to know,
Is it bright or is it dimmer?
Why the insubstantial shimmer
    I see below the flow?

I gaze and try to feel the way,
    But meaning's not for me;
I stand upon this edge to say
That in my thoughts I'm all astray
    Whatever is to be.

A portal seems to open free
    To offer sight and view,
To join the river o'er the lea,
If I only could but see
    Just what I have to do.

CAMINHO DO RIO

Um quadro

Olhando para o reflexo
   Pergunto como saber
Se é brilhante ou mais fosco
Ou o que é o ondular tosco
   Que vejo na água correr?

Olho e procuro sentir
   – Meu pensamento está longe –
Mas sentir não é comigo,
Muito longe, me digo,
   Já nem sei mais onde.

Uma porta há de se abrir,
   Expondo vista e luz
E o rio à margem se unir,
Ah! Se eu pudesse intuir
   Aonde o fazer me conduz.

E-MAIL

Computers are a wondrous thing –
Able to transmit feeling
Loving thoughts to which we cling
To set our senses reeling.

Transient meeting next in view
With fond association
Time so short, but what to do?
To find love's culmination.

After loving travel's made
With parting such sweet sorrow
We turn to e-mail, unafraid
Our ecstasy to borrow.

But somehow it's now not as fine,
Though words can carry passion
Meeting's made our love sublime
So we must change our fashion.

To closer contact, not by mail
And live as we are meant to
Letters do not quite avail,
No matter whom they're sent to.

E-MAIL

Computar é divertido
E transmite sentimentos
E balança seus sentidos:
É amor com consentimento.

Um encontro surge à vista
Com associações de ardor
Tempo é curto, mas insista
Vai achar todo o seu esplendor.

Quando em viagem nós partimos
Doce pena é se afastar
E ao E-mail nos dirigimos
Para o êxtase emprestar.

A palavra traz paixão,
Mas não é nunca o mesmo efeito,
Encontrar-se é a solução,
Temos que mudar de jeito.

Num contato mais chegado,
Se viver conforme a regra,
O E-mail não é aconselhado
E o passado só dá zebra.

Man and maid must meet once more
Love won't be unrequited
Life will be complete and sure
The sooner they're united.

So if your love be e-mail prone
Don't only woo by writing
Make sure you meet her quite alone
And make your lives exciting.

The moral of this tale above
Though e-mail be ecstatic,
It can't replace contiguous love
And that is quite emphatic.

O mancebo co´a donzela
Devem sempre se encontrar
E o amor não é mazela
Se a vida os aproximar.

Se você gosta de E-mail
Não corteje só escrevendo
Trate de encontrá-la a sós,
Imprima à vida um crescendo.

A moral disso que eu digo
É que, apesar de extático,
Não substitui o contíguo
E isso é bem enfático.

EXISTENCE

Conception of a human, meant for birth
    Creates a being from prior non-existence,
When born and takes first steps upon the earth
    It grows and makes a life of human worth,
    Taking no account of time's resistance.

Years pass and thoughts occur of death being near,
    His immortality he feels no more,
To die should give no cause for any fear
Death's arriving, inescapable is mere
    Return of non-existence – as before.

And what is non-existence, by the way?
    We're speaking now of what is all unknown,
A void in space-time, neither night nor day?
With possibilities, but who can say?
    With what intention that the seed was sown.

EXISTÊNCIA

A concepção de um ser que vai nascer
    Cria um humano que ainda não existe,
Quando a terra começa a percorrer
Ele torna a vida digna, se crescer,
    Sem ligar para o tempo, que resiste.

Os anos passam, ele pressente a morte,
    Já não mais sente sua imortalidade,
O medo de morrer não o remorde;
Tão somente o fim, com a sua corte,
    Como de antanho, é o retorno ao nada.

E o que é, por sinal, não existir?
    É algo que extrapola a nossa mente,
Vazio no espaço-tempo?
Noite-em-dia?
Tudo é possível, mas quem assumiria
    Que houve um intuito que lançou a semente?

FIGURINE

The little Dresden figurine
  With parasol aloft so gay
Prettier than I've ever seen,
Near seventeen she must have been,
  When moulded out of common clay.

Beneath her bonnet, face demure
  Her eyes and features all obtain
A delicacy wrought so pure,
That in my heart I'm very sure
  She's more than coloured porcelain.

Her posture is a graceful pose
  White shoes enclose her tiny feet,
Her hands enclose a crimson rose
Its scent enfolds her dainty nose,
  The perfume I near smell, so sweet.

A figurine exquisite, fair,
  Her flaxen hair is seen so fine,
There's nothing with her can compare
True beauty shows its presence there,
  I only wish that she were mine.

ESTATUINHA

Porcelana de Dresden, figurinha
    Com guarda-sol alegre e displicente,
Tão linda nunca achei assim nenhuma,
Seus dezessete, se a vista não mente,
    Quando foi modelada em barro cru.

Por baixo de sua touca o rosto puro
    Seus olhos e seus traços todos têm
Uma delicadeza tão contida
E no meu imo estou mais que seguro
    Que ela é mais do que argila colorida.

Sua postura em pose tão graciosa,
    Sapatilhas enfaixando os pezinhos,
Nas mãos brancas a rosa carmesim,
O nariz afilado num bafejo
    Como fosse algo doce que farejo.

Tão delicada e bela figurinha,
    Seu cabelo amarelo cor de linho,
Nada há que com ela se compare,
É lá que a beleza tem presença,
    Só espero o dia que ela me pertença.

FRAGILITY

Fragile, reflective, it hovers above,
  Floating and wafted by all errant breeze,
Seen by all lovers – the essence of love
  Clutched at so vainly in effort to seize.

For love is a bubble, shining and pure
  Not made for seizing by rough grasping hand,
Those seeking to love must always be sure
  That this is one fact they must understand.

If grasped for their own, not tenderly nursed
  To show all the world their triumph is won,
Then cursed from the first, the bubble will burst
  And the love of the lovers – is gone.

FRAGILIDADE

Frágil, reflexa, pairando no ar,
   Voa embalada por brisa gentil,
Quem ama a vê : é a essência do amar,
   Esforço sem fim, tentando agarrar.

O amor é uma bolha que brilha polida,
   Não pode pegá-la a mão que só aperta
E este é um fato a ser compreendido:
   Amar é estar sempre alerta.

Se assim a agarrares, sem toda a ternura,
   Querendo gabar-te de tua insensatez,
A bolha se quebra, é o amor que não dura,
   É o amor dos amantes que se foi de vez.

FROM ABROAD

I lie all sweat-drenched in the torrid sun,
    The vast Atlantic breakers rolling in;
A paradise they say for everyone,
    The sand, the surf, the incandescent skin
    And people who can claim a distant kin.

A stranger in a strange land. Heart to roam
    Away across the land, across the sea,
Skimming o'er the effervescent foam
    To reach the shore that means so much to me;
    White cliffs of Dover at their apogee.

And so to England where my heart was sent
    To fill my mind with sights and sounds that say,
That England and the county known as Kent
    Are home to me, no matter what foray
    Or wanderlust may take me far away.

Garden of England, fair and fertile Kent
    With wheat and hops and fruit and flowers to show;
The English, one and all, said what they meant
    To give a name that all the world should know,
    The many that would come and wiser go.

DE ALÉM MAR

Estou empapado de tanto suor,
    O hórrido sol e o atlântico me atacam,
É um paraíso – dizem – o melhor
    De todos. Mar, areia, a pele calcinada
    E gente que de todo lado atraca.

Estranho em terra estranha. Sinto
    O coração que cruzando o mar retorna,
Roçando a doce espuma efervescente,
    À praia que tanto quis, que com sua forma,
    Os rochedos de Dover já contorna.

E assim, à terra aonde minh'alma vai
    Encher a mente de som e maravilhas.
A Inglaterra, e o seu condado, Kent,
    São minha casa, embora a correria
    E o proveito me levassem a outras vias.

Jardim de Albion, Kent belo e dadivoso,
    Com flores frutos, lúpulos e trigo.
O Inglês, um como todos, desejoso
    De dar-lhe um nome a todos conhecido,
    Aos muitos que viriam sem o ter sabido.

The ancient towns on rivers riding high,
  With memories of distant Roman day;
Maidstone on the Medway, on the coast old Rye
  And Canterbury calling all to stay
    Who come to her along The Pilgrim's Way.

Old villages with half-forgotten names
  Asleep, all in the gentle summer haze;
The village green where still they play the games
  Of cricket and of bowls of olden days,
    In teams of friendship, everybody plays.

I still remember climbing Bluebell Hill
  And from the summit looking out and down
Across the chequered fields, so very still
  Shimmering, all yellow, green and brown;
    And in the far-off distance, London Town.

Alas! My heart returns to tropic climes,
  To somnolence and listless lethargy;
But never to forget the many times
  A heart has shown me where I want to be,.
    In Kent, in England – All the world to me.

Velhas cidades a cavalo de passagens,
   Dos velhos dias de Roma, o pergaminho;
Maidstone no Medway, o velho Rye na margem,
   E Canterbury, que aloja de mansinho
   A quem veio pela via dos Peregrinos.

Velhas aldeias de esquecido nome,
   Dormindo à brisa morna do verão
Onde jogam, após saciada a fome,
   Cricket ou bowling, como eram então:
   Em times amigáveis, sem campeão.

Lembro escalar o Bluebell a prumo
   E do cume olhar abaixo, na distância,
Pelos campos quadrados, ora brunos,
   Ora amarelos ou verdes, na alternância;
   E a Torre de Londres na lembrança.

Ai! Minha alma no trópico recede
   À sonolência e à mole letargia;
Mas nunca irá esquecer as muitas vezes
   Que me levou aonde eu mais queria.
   Em Kent, Britannia – toda a pátria minha.

GLORY

Days of marching, days of glory
The battle fought and won
But this is not the only tale
Of how it was begun
And ended with the gun.
It started with an argument
About a border line
Between two countries next to each
A pact neither would sign
Deciding to decline.

So soldier-men were mobilised
With cannon to the fore
Before the people realised
A bloody, bloody war
And what it all was for.
Great cannon shells and then grenades
And bodies torn apart
Charging with fierce steel bayonets
And that was just the start
That both sides did impart.

GLÓRIA

Dias de marcha, dias de glória
A batalha já foi ganha
Mas não é só esse o relato
De como a coisa iniciou
E como a tiros findou.
Começou com um litígio
Sobre a linha da fronteira
Entre duas terras vizinhas
A um pacto não chegaram
Que resolvesse o conflito.

Soldados mobilizados
Com canhão vão para a frente
Antes que fosse informado
Que ia ser guerra inclemente
E para que fora armado.
Balas, canhões e granadas
E corpos estraçalhados
E carga de baionetas
Isso era só o começo
De ambos os lados, o preço.

After enough red blood was shed
Some truce terms were then called
And cripples, missing arm or leg
Lay bloody with the dead
Groaning but nothing said.
The truce line from the battle time
Became the border line
So politicians all conferred
And said that all was fine
While sitting down to dine.

But what about the wounded men
Who lost an arm or legs?
Not to mention paraplegics?
(The question itself begs)
Their country's full-time dregs.
A lot was lost and nothing gained
Except some land for free
A shame, the ones we lost, said he
But some would disagree
This bloodstained Pyrrhic victory.

Depois desse sangue esparso
Chegou-se a um termo de trégua:
Aleijões sem pernas, sem braços,
Entre mortos e sangue jorrando,
Gemendo, mas nada falando.
A linha dos dias de trégua
Tornou-se a nova fronteira
Os políticos checaram
E disseram estar a par,
Sentados para jantar.

E quanto aos homens feridos
Que perderam seus sentidos?
Dos inválidos, nem falar,
(A própria pergunta o faz)
São trastes, em tempo integral.
Tudo é perda e nada é ganho
Exceto umas terras de graça,
    Uma pena, diz quem se apoquenta
Mas alguém vai contestar
A vitória de Pirro, sangrenta.

JOHNNY-BOY

Johnny-boy's our precious only son
He joined the army as a volunteer,
They trained him well, his sergeant's stripes he won
And gave and took his orders with good cheer,
He showed his wit was far above the rest
Quick to obey and carry out his task,
In every way they put him to the test
Until there was no further test to ask;
    He was marked down for very quick advance,
    His future seemed to offer every chance.

So war broke out and swept the desert sand
With Johnny-boy amongst the first to go,
Lieutenant Johnny now, you understand,
Professional from finger-tip to toe:
Courageous as a leader in attack,
And stubborn in defending, without doubt,
A cannon-shell took Johnny in the back
And promptly he was invalided out;
    A wheelchair life is all they can allow,
    I wonder, where is Johnny's future now?

JOHNNY-BOY

Johnny-boy, nosso precioso rebento,
Alistou-se como voluntário,
Treinaram-no bem, virou sargento,
Ordens deu e cumpriu sem ser otário.
Seu juízo era bem melhor que o resto,
Rápido em fazer e em obedecer,
Em toda ocasião faziam-lhe um teste,
Até que nada mais teve que saber;
    Ficou assinalado seu progresso
    E seu futuro garantia sucesso.

Então a guerra estoura e no deserto
Johnny-boy areou-se entre os primeiros,
Tenente já é agora, está correto,
Do pé a cabeça profissional, pioneiro:
Corajoso, sempre líder no ataque,
E turrão na defesa – quem duvida?
Uma bala nas costas, sente o baque
E fica inválido pela ferida.
    Cadeira-de-rodas é o que lhe deram,
    Pergunto, mas seu futuro, qual era?

MOOD

At times when I am plunged in deep despond
  The world and all around is all awry,
A dark scene that I cannot see beyond
A garb of cold indifference now is donned
  And all I love is hidden in a sigh.

Morose, deserted, feel I at the start,
  Antagonist to those of whom I'm fond
A chill of anger grips my sullen heart,
While of affection true I give no part
  Expecting naught and no-one to respond.

What is it brings this darkness of the mind?
  That sullies and destroys the vision clear
Destruction that is subtle and refined –
I'm certain that I never have repined
  The one whose word and act I hold so dear.

ESTADO DE ESPÍRITO

Quando estou mergulhado em depressão
   E o mundo à minha volta é arrevesado,
Há uma cena que me impede a visão,
Uma capa de frieza é o diapasão
   E tudo o que eu amo é sufocado.

No começo sinto-me sem ação
   Inimigo daqueles a quem amo,
Um frio de raiva aperta o coração
Enquanto não tenho parte na afeição,
   Nada esperando e sem alguém que me espere.

O que traz esse escuro à minha mente?
   Que mancha é a que destrói a visão clara?
A destruição age fina e sutilmente,
Mas eu creio que disso não ressentem
   Aqueles cujas falas e atos amo.

MOONGLOW

The moon gives out its silver gleam so plain
To glisten on the very counterpane,
    Reminding in its sight
    Of all our magic night,
With loving and the hope to love again.

What happened to negate our dream sublime?
Why was our dreamed of moment lost in time?
    For I was there so true
    But dearest where were you?
As up unto our trysting I did climb.

Are we nevermore to meet together?
Am I to despair the dream of whether
    We will meet once more?
    Hoping as before –
Or resolve that nothing is forever.

LUAR

A lua desprende seu luar antigo
Que brilha no postigo
   Lembrando-nos a vela,
   A noite de novela
De amor, a reviver contigo.

Com nosso sonho, o que terá sido?
Por que será que ele ficou perdido?
   Era tão verdadeiro
   Mas , e o teu paradeiro?
Pois até o nosso ninho eu teria subido.

Poderemos nos encontrar ainda?
Terei que não crer em tua vinda?
   Mais uma vez,
   Esperando, talvez,
Ou crendo que na vida tudo finda.

PLEASE

Oh come with me to the Artist's Ball
 In crinoline dress and shoulders bare,
It's held in an old palatial hall
And you'll be the lovliest of all,
 With your crown of upswept golden hair.

To dance a waltz with you in my arms
 Will be paradise beyond all bliss,
With your dainty steps and gracious charms
And the gentle clasping of our palms
 And later perhaps a stolen kiss.

I see no reason not agreeing,
 Your beauty, your grace that both enhance,
No-one but you do I keep seeing
Tell me away you'll not be fleeing,
 Tell me that I do still have a chance.

POR FAVOR

Oh, venha comigo ao Baile do Artista,
    Com ombros desnudos e as suas crinolinas,
Vai ser no palácio, na sala da pista,
Aos olhos de todos, a mais bela vista,
    A coroa no cabelo, graciosa rainha.

Dançando uma valsa a ter em meus braços,
    Será um paraíso além do destino,
Passinhos gentis e o ar da sua graça
E o leve ruído que suas palmas façam
    Quem sabe permitam que eu roube um beijinho.

Você é o motivo do meu insistir
    A doçura e a beleza que andam em par,
Ninguém mais , só você é quem vai decidir,
Mas, diga que agora não mais vai fugir,
    Mas, diga que posso ainda esperar.

POEMS

I have some books of poetry
 The contents of my own device,
 Although I say it to myself,
And they just lie upon the shelf.
 I feel, in fact, they're rather nice.

But they say they seem old-fashioned
 Not in modern style whatever,
That a poem must be impassioned
Discipline – that can be rationed
 And old-fashioned's just not clever.

They may be right in some respects
 Some modern poetry may make sense,
But older styles in some aspects
Can make a poem that one expects
 Instead of random influence.

POEMAS

Tenho livros de poesias
    Que contêm minha mestria,
    Sempre eu digo pra mim mesmo
Que embora na estante a esmo
    São de minha autoria.

Mas dizem que são antiquadas,
    E no estilo, superadas,
Que o poema quer distância
E só no controle – abundância –
    E que o resto é velharia.

Pode ser que estejam certos
    O moderno e seus aspectos,
Mas o estilo velha-guarda
Traz aquilo que se aguarda,
    Sem influências vazias.

POÈSY

What makes a poem? Hard to define!
Serendipity to write a line
Of verse?
The ending of each line, a rhyme?
Perverse!
All rhythm to disperse
Or worse?
Must die before its time – a curse.

What is it that poetic form implies?
Meaning - in a literal disguise?
Maybe!
Merely to be seen by special eyes
That see?
Such beauty that can be
Only
Seen with an imagination free?

POESIA

O que faz um poema?
Difícil definir!
A coincidência ao escrever uma linha
De verso?
E no final da linha, uma rima?
Perverso!
O ritmo todo, disperso
Ou reverso?
Morrerá antes do tempo! – Conversa.

O que a forma poética comporta?
Significado – em linhas contortas?
Querias!
Ser visto por olhos que têm vista torta?
Mas viam!
Tanta beleza que só podia
Ser visível
Se vista com a livre fantasia.

What is it then that's in a sonnet?
Makes you drift and dream upon it,
In ways
Far more than the verse within it
Says?
A melody that stays,
Always
Haunting your imaginings for days.

What makes a poem aspire to seek
Some spirit far beyond technique?
Apart.
And ever then to always speak –
Impart,
Such spirit from the start,
With art;
A poem with the beating of the heart.

Mas então o que é o soneto, afinal?
Ele põe em transe e faz nele sonhar,
Num triz
Bem mais do que o verso que há
Nele diz?
A melodia que não quis
Sumir
E em visitar tua mente, insistiu.

O que faz um poema querer
Um espírito além do fazer?
À parte.
E mesmo assim, sempre dizer --
Imparte
Este espírito, e destarte,
Com arte,
Faz um poema onde o coração bate.

STORM

The storm clouds drifted in across the sun,
    The day grew dark, a lightning flash occurred,
    A roll of thunder afterwards was heard,
While sheets of rain had only just begun.
All people seeking shelter had to run,
    Tree branches by the gale-force winds were stirred,
    The thunder to the lightning nearer heard
And then right overhead the two were one.

A crack of thunder – and the lights went out
    While rivulets of water flooded by;
    "The wire's down" we heard somebody shout
    But then the thunder faded to a sigh,
The lightning had diminished all about
    And to the storm we gladly said "good-bye."

TEMPORAL

O sol por nuvens negras é cruzado,
    O dia escurece, o relâmpago estala,
    Um rolar de trovões ouviu-se quando
Lençóis de chuva estavam começando.
Todas as gentes tendo que correr,
    Três árvores cortadas pelo vento,
    Do som à luz passa-se um breve tempo
Até que os dois se juntem de uma vez.

Estronda o céu- as luzes já sumiram
    Enquanto rios de água precipitam;
    "O cabo foi-se" alguém lá fora grita,
    Mas o trovão calou-se num suspiro,
Em toda parte, os raios já não crepitam,
    Do temporal, alegres, despedimo-nos.

TO DREAM

Ah! If I only could return
    To the dream from which I waken
For its delightfulness I yearn
    But from me this has been taken
    And I lie here all forsaken.

The world where I alone can be
    Unconscious in the dreaming night
It is a magic world for me
    Where occasion, fulsome, bright
    Be only there for me to see.

I try and try to sleep once more
    To gain back my dream, so recent
Regain the sense that I adore
    Reject the doleful present
    For dream-life far more pleasant.

Dreams give us only what we need
    Memories and who can tell?
Remaining like a latent seed
    Disappointments to repel
    Oh damn it! There's the morning bell.

SONHAR

Ah! Se pudesse voltar
    Ao sonho de que saí!
É delicioso lembrar
    Mas foi tomado de mim
    E aqui estou a me queixar.

O mundo em que eu posso estar
    Na noite inconsciente do sonho
É o mágico a me rondar
    É o acaso que está onde o ponho
    Brilhante, a me obsequiar.

Tento adormecer por mais um pouco
    Quero logo meu sonho de volta
Reaver aquele sentido louco
    E rejeitar o que o agora comporta
    Pois o sonho é meu ouvido mouco.

O sonho nos dá só o que é premente
    Memórias, quem pode dizê-lo?
Ficando, semente latente,
    Contra o desapontamento.
    O alarme toca. Que pesadelo!

TEA

No matter the price, it's always so nice
　　To take a young lady to tea,
Though she be capricious
I find it delicious,
　　Attention all focussed on me
　　And I wonder what yet is to be.

The tea is complete, and both being replete
　　I ask her to dinner, and more,
Perhaps I'm ambitious
She may be suspicious,
　　She says "Oh, it's rather a bore,
　　But I'm meeting my husband at four."

Red in the face, with romantic disgrace
　　I ask her to tea the next day,
Her withering glance
Gives me not a chance,
　　She smiles as she gets up to say
　　"Oh, my husband and I'll be away."

CHÁ

Sem saber quanto, costumo, no entanto,
    Convidar uma jovem para o chá,
Embora caprichosa
Eu a acho deliciosa,
    A atenção centrada em mim,
    Torcendo pelo fim.

O chá terminado e ambos saciados,
    Só resta o jantar e mais um pedido.
Eu sou atirado,
Pode ter suspeitado,
    Ela diz: "É meio sem-sentido,
    Mas às quatro encontro meu marido".

Corado no rosto, em tom de desgosto
    Convido-a a um chá em outra hora,
Seu olhar de desprezo
Me dá pouco peso,
    Sorri, levanta-se e diz: "Agora
    Chegou o marido e vou-me embora".

TEMPUS TARDUS

O Time, you are so very short,
    Yet take so very long
To find the one I've always sought,
In my heart and in my thought,
    What am I doing wrong?

Why such delay from day to day?
    To find her in the throng,
What is it that impedes the way?
What else is there that I can say?
    To people she's among?

It seems a vast eternity
    To me she must belong,
My eyes they seek but do not see
The only one that's meant for me –
    O sad and sorry song.

TEMPUS TARDUS

Ó tempo, tão curto que tu és
   E mesmo assim tão demorado,
Gastei-o em procurar quem eu bem sei,
Dentro do coração e em minha mente,
   O que será que eu fiz de tão errado?

Por que tanto retardo, de um dia a outro,
   Em encontrá-la no meio das pessoas?
O que será que impede nosso encontro?
O que mais eu posso estar dizendo
   Para a gente que a envolve, entre outras coisas?

Parece ser à eternidade extensa,
   Mas é a mim que ela deve pertencer,
Os olhos buscam e as idéias se adensam,
Não vêem que ela é a única em que penso –
   E a canção só faz me entristecer.

THE DREAM SPIRIT

When in the torpid realm of deepest sleep
    She hovers just above my restless head,
A spirit that's impossible to keep
But at the dawn away from me she'll creep,
    And leave me grieving. for she is long dead.

To love her, I cannot though she's so real
    What does this ghost, from me, require instead?
I know that if I wake, away she'll steal,
I loved her once but time will not repeal
    His cruel sentence, saying she is dead.

I love her still and so I always may,
    "I do not want to die" that's what she said:
She's buried in a churchyard far away
Though spirits despise distances, they say,
    I'm sure that she is dead, and dead she'll stay.

O ESPÍRITO DO SONHO

Quando no reino do sono profundo
   Ela paira em minha testa, ligeira,
Um espírito sem igual no mundo
Me faz sofrer, e eu estou de luto
   Pois na aurora ela sempre se esgueira.

Não posso amá-la mas é tão real,
   O que o fantasma sempre quer de mim?
Sei que ela se vai se eu despertar,
Amei-a outrora, mas vai se eclipsar,
   A morte não revoga o seu butim.

Amei-a e amo-a meio sem critério,
   Não quero ir-me – é o que ela vai falar.
Está enterrada nesse cemitério
E se para ela o longe não é sério
   Ela está morta e morta vai ficar.

THE MUTANT PAST

The battles fought, the empires won by war,
    what was it all about, what was it for?

The bravest deeds by heroes of the past
    now only words, the substance not to last.

History changed to suit the current rule,
    new books go out to any national school.

The only things we know are what is writ,
    to give the reader only half of it.

We progress – one step forwards, two steps back,
    our future course is governed by our lack

Of learning from our history and our past
    mistakes we've made, to put right and to last.

History books all tell us more than one lie,
    They quite confirm – sic transit gloria mundi.

O PASSADO MUTANTE

Lutas renhidas, impérios combalidos,
  Para que tudo isso, como assim?

Os feitos mais gloriosos do passado
  São só palavras, substância que tem fim.

A História mudou para seguir a moda,
  Novos livros são lidos nas escolas.

Só sabemos aquilo que está escrito,
  Que ao leitor só dá meio veredicto.

Avançamos, um pé à frente, dois atrás,
  Nosso futuro é regido pelo acaso.

Falta saber a história do futuro
  Erramos muito, para que isso dure.

Livros de história nunca vão tão fundo,
  E confirmam – *sic transit gloria mundi.*

THE PORTRAIT

The shadowed portrait hanging on the wall
Smiles down upon me in my panelled hall,
    The smile is semi-serious
    Her eyes are just mysterious,
Expression that I can't make out at all.

She's not La Joconde or Mona Lisa
Sighting of her portrait seems to tease her,
    She's smiling so effectively
    And gazing so reflectively,
Were she real I'd be compelled to please her.

Her presence is so haunting night and day
Her face is so appealing in its way,
    One day I'm sure of meeting her
    And then the joy of greeting her,
With words, that to a portrait, one can't say.

O RETRATO

O retrato sombrio suspenso na parede
Sorri para mim como se fosse adrede,
   O sorriso semi-sério,
   O olhar, puro mistério,
Expressão que não dá para entender.

Com Gioconda ou Mona Lisa não parece
Mas olhar seu retrato quase a aborrece
   Um rir tão elusivo
   E o olhar, tão reflexivo,
Se fosse real ... eu a agradaria.

Sua presença noite e dia é uma obsessão,
Seu rosto, do seu jeito, sedução,
   Um dia, estou certo, vou encontrá-la
   E então, com prazer, cumprimentá-la
Com palavras que a um retrato não convêm.

THE SMILE

Once in a while, she'll deign to smile
    At my romantic forays,
She shows no guile and for a while
    I recall only her gaze;
    Effectively lasting for days.

O sweet delight, to think that she might
    Proceed from a smile to a kiss,
During the night, in the palest moonlight
    What can be better than this?
    An infusion of heavenly bliss.

Now we are married, although we tarried
    A smile was the cause of it all,
In passion carried, a kiss can't be parried
    So heed to the tenderest call –
    And each for the other will fall.

O SORRISO

De vez em quando, não sei por quanto
    Ela sorri ao meu chamado,
Não sei se é falsa, mas por enquanto
    Eu só me lembro de sua mirada,
    Que vem durando uma jornada.

Delícia doce, será que pode
    O seu sorriso mudar num beijo?
Durante a noite, sem outro norte,
    O que é melhor que esse desejo?
    A beatitude em que latejo.

Juntos agora, fora a demora
    O seu sorriso foi o culpado,
Na paixão louca, beijo sua boca,
    Portanto, ligue para o recado –
    E cada qual cairá gamado.

THE TRANSLATOR

The translator, full of sighs
To translate a phrase she tries
But in distress and some surprise
"This dictionary lies!"
"The meaning is ridiculous
It makes me feel so powerless
And I'm so meticulous"
　　As with the words she vies.

"Whatever can the meaning be?
These languages just don't agree
Oh woe is me! Oh woe is me!"
　　With tears all in her eyes.
At last a light dawns on the scene
Yes, that's what it must have been
A piece of language, quite obscene
　　All in another guise.

And so she just continues on
With the battle bravely won
But by God it wasn't fun
　　And dictionaries aren't wise.

A TRADUTORA

Traduzindo, cheia de ais,
Está às voltas com os demais.
Afinal ela vai ao Aurélio.
" Mente, mãe!
A palavra é melindrosa
Faz-me sentir desarmada
E eu sou tão meticulosa,
    Já não me acode mais nada!"

"Ao que agora me remeto?
Nessa língua não há dueto!
Ai de mim, no que me meto!"
    E, com lágrimas nos olhos,
Uma luz se acende enfim:
"Disso eu não estava a fim,
Ele é um termo meio assim,
    Mas me tira desse imbróglio!"

Por aí ela vai seguindo,
O seu alvo perseguindo
Mas por Deus, trabalho infindo
    E o dicionário, um trambolho!

THE APPEARANCE

First to appear
Was the shape of an ear,
*   Then a nose, just a little bit clearer;*
With two eyes of blue
Which looked straight at you –
*   Impossible not to go nearer.*

A triangular face
With white whiskers in place,
*   On a visage of deepish-brown flavour;*
A body so supple,
Legs, more than a couple
*   And a tail, made for balanced behaviour.*

Now knowing all this
You'll be not far amiss
*   If you say 'twas a small Siamese cat,*
So if luck goes my way
Well, maybe she'll stay –
*   And that, for a cat, will be that.*

APARÊNCIA

O que eu vi meio de esguelha
Foi a forma de uma orelha,
    Já mais nítido o nariz;
Dois olhos azuis a postos
Que o fitam bem no rosto,
    Vai mais perto, algo me diz.

Uma cara triangular,
Dois bigodes no lugar,
    Jeitosinho, muito manso
Um corpinho jambeado,
Pernas: duas pra cada lado
    E um rabo pro balanço.

Sabedor de tudo isso
Não se pode ser omisso,
    Vou dizer que é um siamês branco.
Se estiver com sorte, digo,
Ele vai ficar comigo,
    Para um gato, um fato e tanto.

THE MISOGYNIST

What is there in eternal Eve
    To make man act the fool?
A mystic spell she seems to weave,
It seems he likely must believe
    That she could ne'er be cruel.

When faced by female subtle charm
    And all her vain pretences,
No intimation of alarm
He suffers not the slightest qualm,
    Although he's lost his senses.

If I sound a bit unkind
    There's nothing personal in it,
I haven't any axe to grind,
I'm not in other way inclined,
There's always others you can find,
But if you ladies do not mind,
    I'd rather not begin it.

O MISÓGINO

O que há na Eva eterna
   Que deixa o homem variar?
Um feitiço que ela externa,
Que o leva a acreditar
   Que ela sempre será terna.

Quando ao charme é submetido
   E a toda a sua ficção,
Não há medo, pois perdidos,
Sem nenhuma hesitação
   Estão todos seus sentidos.

Se pareço arrevesado
   Nada tem de pessoal,
Nada de farpa afiada,
Nem de outra inclinação.
Sempre alguém pode se achar,
Mas se não fizer questão,
   Prefiro não começar.

THE MUSE

Oh! what has happened to my muse?
    Her absence pains me sore,
My pen for verse I cannot use
No matter what my mind may choose,
    Come back, I ask no more.

You are said to be forever
    So gone you cannot be,
Surely you would leave me never
Inspiration never sever,
    And be true to me.

Come back to me, or else sadly
    I can write no more,
My skill is gone, words are madly
Written in a form so badly,
    Come back – I implore.

A MUSA

Com a musa o que foi que se passou?
    Sua ausência tanto me castiga,
Para meus versos a pena falhou
Não importa o que a mente já forjou,
    Volte, seja de novo minha amiga.

Dizem que você é pra toda hora,
    Não pode desse jeito me falhar,
Não pode nem pensar em ir embora,
Inspiração nunca me deixe fora,
        Ponha o seu olhar no meu olhar.

Volte para mim ou em lugar disso
    Nada escreverei sem seu favor,
Sem arte a palavra vai pro hospício
E para mim é grande o desperdício,
    Volte, eu nada escrevo, caso for.

THE SILENT SAMOVAR

The ancient samovar of embossed brass
    Stands sombre, silent in its solitude,
    With horrors its past presence was imbued
This tarnished urn did through an epic pass:
    A revolution, famine and alas!
    The empty mouth where life does not intrude
    And slaughter in a manner harsh and crude,
With slogans shouted by an angry mass.

It's seen the nation change for all the worse
And persecution rampant all around,
    It's seen starvation with an empty purse
And people seized as soon as they are found,
    With cruelty and just a vicious curse –
But from our samovar there's not a sound.

O SAMOVAR SILENCIOSO

O antigo samovar de latão batido
    Na solidão que o cerca está sombrio,
    Qual urna suportou um epos tardio,
Sua presença de horrores embuída:
    Fome, revolução, outras coisas mais,
    O cruel e violento assassinato,
    Bandeira e gritos de massas revoltadas,
E a boca aberta por onde a vida sai.

Viu a nação mudar de mal em mal
E a delação grassando em todo lado
    Viu a carestia com a bolsa oca andar
E o povo ser punido, se apanhado,
    Acusações injustas sem findar,
Mas nem um som, do velho samovar.

ANNIVERSARY

What happened on that endless day
You smiled at me, and went away?
    Put on your coat and took the key,
    'Just going for a stroll --You see?'
How could I know what lay ahead?
My own abandonment instead.

The many things you left behind,
Your lipstick, mak-up, just to find
    Memories of your presence near,
    Despite the passing of a year.
I wait, with fading hopes to learn
The day will come when you'll return

But if response you cannot make,
I cannot let my heart to break,
    For twelve months spent in anxious fear
    Has sent a warning, plain to hear.
If faithfulness is what you lack,
Then better if you don't come back.

ANIVERSÁRIO

O que aconteceu naquele dia,
Quando, antes de ir, você sorria?
   Pegou a chave, o casaco vestiu,
    – Vou dar uma volta, você ouviu?
Como eu podia saber o que seria?
Tanto menos, que me abandonaria.

As coisas que deixou não me confortam
O batom, pó de arroz, tudo à minha volta,
   Memórias de sua presença perto,
   Apesar de passado um ano, certo.
Espero saber, já desvanecido,
Que haverá o dia em que voltará comigo.

Mas se você não puder me responder,
Não posso deixar meu coração romper.
   Por doze meses, com angústia e medo,
   Enviou-me seu aviso, sem segredo:
Se é a fidelidade o que não tem
Melhor será que me diga então: "não vem".

AT THE OXFORD BALL

"Shall we dance?
Or shall we talk?
Or shall we simply take a walk?
Would you care for more champagne?
(Thinks, and thinks and thinks again)
"Perhaps a chance of swift romance?
Given the right circumstance!"

She, a picture of delight
In gown of pastel hue,
He, in formal black and white
And very handsome too;
So they left the ballroom floor
Not for dancing anymore,
But both a little tight.

They wandered round the Colleges,
The river, up and down,
He uttered no apologies
He just admired her gown;
Caressing her with touch so tender
Until she gave a frown.

O BAILE DE OXFORD

Vamos dançar
Ou vamos falar?
Ou simplesmente caminhar?
Gostaria de um champanhe?
(Pensa, pensa e pensa ainda)
"E de um romance, há chance?
Eu saberei num relance!"

Ela , visão enlevante
Numa roupa azul-celeste,
Ele, também elegante,
 Traje preto e branco veste.
O salão, eles deixaram,
não por não querer dançar
Mas por já altos - estarem.

Pelo rio, pelas Escolas,
Alto e baixo nas subidas,
Ele não sai da sua cola,
Só admirando ela vestida
E passando a mão de leve,
Até quando ela o releve.

"What are we doing out in the dark,
My dress above my knees,
It may, for you, be just a lark
Desist now, if you please;
Your roving hands restrain,
I'm not one to flirt and tease
Or drink so much champagne".

He took her to the ballroom floor
No glance did he inflict
But to himself he quietly swore
"Oh! What a one I picked"
On parting from her presence, near,
He said in soft refrain
"It really was a pleasure dear!"
They never met again.

"O que fazemos no escuro,
A roupa está levantada,
Pare com isso, eu mando,
Para você é uma jogada,
Suas mãos, assim, tateando
Não sou de ser enganada
Nem de ficar embriagada".

Levou-a de volta ao salão
Sem a dignar de um olhar
Mas a si, em baixo calão:
"Também, quem fui arrumar!"
Ao despedir-se da bela
Disse-lhe em doce refrão:
"Foi um prazer conhecê-la"
E nunca mais se verão.

AUTUMNAL THOUGHTS

When the wild wind goes whistling through the eaves
    I know at last that autumn has arrived
Bringing with it dry, brown, and rustling leaves
    To bare the branch that hitherto has thrived
    A living tree that Nature has contrived.

Acorns to fall upon the loamy ground
    To spread and carry life within their seed,
Within each one a mighty oak is found
    In time to grow, fulfilling Nature's need
    And life miraculous is fully freed.

Conspiring through the winter to survive
    The coldness and afflictions of the storm,
Knowing somehow springtime will arrive
    While resting in the ground in latent form,
    But then the sun appears, effulgent, warm.

PENSAMENTOS DE OUTONO

Quando o vento vibrando vara as beiras
    Eu sei que enfim o outono vem chegando
E traz consigo rubras folhas secas
    Que arrancou do galho vivo quando
    A Natureza o vinha reinventando.

Glandes caem sobre a terra úmida e fértil
    Para espalhar a vida com a semente,
Dentro delas um carvalho referve
    Pronto para brotar, segundo o Intento
    E a vida é liberada de repente.

Conspirando o inverno todo por cruzar
    O frio e as aflições desse tornado,
Sabendo que a primavera irá chegar
    Enquanto está latente em seu formato,
    Mas então surge o sol, abençoado.

COQUETTE

With manner so flirtatious
    Invitation in her eyes,
It's more than efficacious,
Her swirling skirt so gracious
    Her so poignant little sighs.

What can I do to win her?
    To sweep her off her feet?
Invite her out to dinner?
A glass of champagne in her
    Conquest, my success complete.

Not a very subtle ploy
    I admit it without qualm,
Smiling girl and anxious boy
All the night left to enjoy,
    And a pretty girl to charm.

Food and wine create a bond
    Conversation light and gay,
I feel sure that she'll respond
To my words and far beyond –
    But she laughs and walks away.

COQUETE

Com seu jeitinho faceiro
   E o convite em seu olhar
Muito mais que certeiro,
Seu rodopiar tão maneiro,
   Seu gracioso suspirar...

Que fazer para a conquista?
   Seu pezinho vou varrer?
Convidá-la para a pista?
À saúde, nisso invisto,
   O champanhe vou beber?

Não parece muito estranho?,
   Concordo sem hesitar,
Moça rindo ...o moço fanho
A noite inteira no assanho,
   Não desiste de cantar.

Pão com vinho faz amigos,
   Uma conversa em boa hora,
Ela vai falar comigo
Muito mais do que lhe digo –
   Mas ela ri, e vai-se embora.

DECIDING

If it were so, if only it were so,
My hearts divided, almost split in twain;
My brain ignores my heart – I do not know,
So maybe I had better think again.

My brain warns me of consequences dire,
My heart says "Take a chance, it's very slight"
I've thought again – I'll follow my desire
And trust that she'll be in my arms tonight.

DECISÃO

Se fosse isso e não aquilo,
Meu coração quase partido ao meio;
O cérebro o ignora e eu vacilo,
Melhor pensar de novo, eu receio.

O coração: "arrisca um pouco, anda",
O cérebro: "te arrependes dias a fio",
Pensei de novo: o desejo é quem manda,
Ela estará em meus braços, eu confio.

DESECRATION

If all the flowers of the field
 Are gathered one by one,
What is left to be revealed
 When all the taking's done?

The barest earth does nothing show
 With floral beauty dead,
No buds emerging from below
 Just emptiness instead.

So gather not the fragrant blooms
 Their petals standing proud,
To slowly die in airless rooms,
 It shouldn't be allowed.

PROFANAÇÃO

Se as flores todas do prado
 Forem colhidas de vez,
O que restará para ver
 Quando tudo for arrancado?

A terra nua nada mostra
 Sem sua beleza floral,
Nenhum botão mais desponta,
 Somente o vácuo abismal.

Das flores não pode cortar,
 As pétalas tão brilhantes,
Não as deixe morrer sem ar
 Na sala vazia, sufocante.

SONNET FOR THE DEAD

Throughout the world a special day is bound
    Depending on the faith that one doth hold;
    The ones for whom the final bell has tolled
Are visited in consecrated mound.
The thoughts of dear departed in the ground
    On all the living still maintain their hold,
    Their love and virtue in the hearts extolled
And consolation always to be found.

But when my time comes and I be but dust,
    Do not make a day for deep emotion;
I only want, (and for this place my trust),
    The scatter of my ashes o'er the ocean;
If thoughts of me return, as sometimes must,
    Then surely that's enough of dead devotion.

SONETO AO MORTO

No mundo afora um dia especial se cobra
   Conforme a fé que cada qual professa;
   Aqueles pelos quais os sinos dobram
São visitados em consagradas fossas.
A memória do ente que enterramos
   Ainda se mantém por entre os vivos,
   Seu amor e sua virtude redivivos
E a consolação é o que encontramos.

Mas quando, no meu dia, for pó no vento,
   Não o torne de profunda emoção;
Apenas quero (e quero o cumprimento)
   As minhas cinzas dispersas no oceano.
Se de mim lhe voltar o pensamento
   Será o que basta, como devoção.

A SAD LOSS

What became of the girls that used to be?
In elegant, feminine finery,
   Graceful, sweet-voiced, effusive of charm
   Tripping along with their hand on your arm:
Ah! It's so rare now for such to be seen,
I'm full of remorse for the present day scene.

Loud-voiced and brusque, with a hurrying gait,
Dressed in a minimum quite naked state,
   Argumentative, shrill, talk much too much
   Chatter and chatter all quite out of touch:
They may have the vote, much good has it done!
Remember the time when girls were quite fun?

It's such a shame, femininity lost,
It may seem alright, but think of the cost?
   Subtle persuasion by women is gone
   I'm sure they don't know what damage they've done:
Their company's terse, a pleasure it's not,
Oh! What did we do to get what we've got?

GRAVE PERDA

O que há com as garotas de antanho,
Tão elegantes, femininas,
   Graciosas, doces, efusivas, charmosas
   Andando por ali de braço dado:
Ah! É tão raro vê-las hoje assim,
Estou cheio de saudade pelo que perdi.

Voz grossa e brusco o seu jeito de andar,
Vestidas ao mínimo ou em estado desnudo,
   Implicam, discutem falam demais , demais,
   Falam e falam fora de tempo e hora:
Até votar podem, mas que bem isso faz?
A mulher era boa, e agora, onde jaz?

Perdeu-se a doçura, é uma pena e tanto,
Parece correto, mas o custo é alto,
   Saber persuadir, há tempo se foi,
   Perdeu-se um bocado, seguro eu estou:
A conversa é tosca, não é um prazer,
Pra receber isso, o que fomos fazer?

THE SOLDIER-BOY

The soldier-boy walked up to me,
    Saluted, then he said,
"Permission to ask a question Sir?"
    I told him "Go ahead."

"Sir, I've been hit by shot and shell,
    Twice buried by a bomb,
I've many times born other wounds
    Not knowing where they're from."

"And being wounded in the head
    Concussion struck me down,
I bled and bled, all scarlet red
So tell me Sir – why aren't I dead?"

I looked at him with serious gaze
    And this advice I gave
"This question you should never ask
    Your life it will not save."

"What do you want an answer for?
    Though I admire your pluck,
You so offend the gods of war,
    Just don't insult the gods of luck."

O SOLDADO-MENINO

Soldadinho veio me ver
    E perguntou de repente,
"Licença para eu falar"
    E eu lhe disse "Vá em frente!"

"Senhor, a balas fui ferido
    E por duas bombas fui enterrado;
Servi muitas vezes de alvo
    Sem saber quem tinha atirado".

"Acertando minha cabeça
    Um golpe me fez cair,
Sangrei até dizer chega
Pergunto – por que não morri?"

Olhei-o com seriedade
    Antes do aviso lhe dar
"Jamais perguntes por isso,
    A vida não vai te salvar".

"Para que querer a resposta?
    Mesmo que eu admire a coragem,
Ofendes aos deuses da guerra,
    Da sorte não insultes a imagem."

ONE DAY

When waking in the half-light of the dawn
    And shaking off the drowsiness of dreams;
    The misty world around, not what it seems
Comes brighter as the lazy sun is born.
What shall it see, this making of the morn?
    This day so bright on which the sunlight gleams?
    Both births and deaths are only two extremes
With joy to some, with others made forlorn.

No matter what the schemes that men propose
    A day in time will always changes ring,
The fates will have their own plans to dispose
    Of beggar-man or crowned head of a king;
To live a life I simply must suppose
    To-day is mine, what e're the morrow bring.

UM DIA

Andando um dia na meia luz da aurora
   E pela névoa do sonho estonteado,
   Não o que parece, o mundo enevoado
Torna-se claro quando o sol o doura.
O que verá, ao fazer-se da hora?
   O dia tão alvo, com o sol brilhando?
   A vida e a morte – extremos apontando
Ao alto, a uns – a outros, para fora.

Não importa que esquema for proposto,
   Um dia de tempo irá mudar a sorte,
Os fados têm seu plano já disposto,
   Se rei ou pedinte, nada isso comporta.
Vive-se a vida só por ter suposto
   Que hoje é minha, amanhã não importa.

END THOUGHTS

I do not wish so much to be alone,
    My vision of the world needs must be shared
    By one whose understanding's not impaired
And whom I am content to call my own;
With all events with which my life is sown
    With all the ghosts with which I am ensnared
    From thoughts of these entire can I be spared?
Or must I for the most of them atone?

And when the thing that we call life shall end
    With drawing of my last and feeble breath,
I trust that fate shall have, for me, a friend
    With words of comfort in all that he saith,
Words I can grasp and on them so depend
    For if alone – I cannot face my death.

PENSAMENTOS FINAIS

Não quero tanto assim ficar sozinho,
    Minha visão do mundo é dividida
    Com alguém de tão refinado tino
E que eu amo saber que está vizinho;
Os fatos que a vida semearam,
    Os fantasmas com quem sou confrontado,
    Posso, desses eventos, ser poupado?
Ou terei que por eles compensar?

Quando o que chamam vida se findar
    Com o exalar de um breve meu suspiro,
Com boas palavras, no que for falar,
    Creio que o fado trará quem admiro,
Palavras essas às quais vou me agarrar
    Para enfrentar a morte – e assim, expiro.

TO DIE

I would not wish to be alone,
  When I'm about to die;
This is the only life I've known
And many aspects I've been shown,
  But not the reason why.

The presence of a faithful friend
  To bid a last goodbye,
To see me safely through the end
A loving salutation send,
  And life goes with a sigh.

I know not what the end may bring
  If anything at all,
But should I hear the angels sing
And heaven's bells begin to ring,
  Then I will heed their call.

But if these thoughts should be amiss
  And prove to be a lie,
A final loving forehead kiss
Would be the end of all of this,
  And quietly, I shall die.

MORRER

Quando estiver para morrer
   Não quero ficar sozinho;
Só pude uma vida viver,
Há aspectos que pude ver,
   Mas não o seu real motivo.

A presença de um amigo
   Para dizer-me "vai"
E até o fim ficar comigo;
Um adeus de despedida
   E a vida assim se esvai.

Não sei o que o fim me traz,
   Nem se algo for de verdade,
Mas se ouvir anjos a cantar
E as campainhas atrás,
   Atenderei ao seu chamado.

Se for errado o pensar
   E não passar de querer,
Na testa um beijo amical
Será disso tudo o final
   E irei, quietamente, morrer.

THE FLAME

Within the halls of my delight
  There burns a constant flame,
Never, never out of sight
She is there both day and night,
  But I know not her name.

With all her petticoats a'swirl
  She passes by each day,
Heart and mind put in a whirl
By vision of this special girl,
  But Oh! What can I say?

She's ever with me in my mind
  Her features bright and fair,
An air so delicate, refined
There's not another of her kind,
  It's more than I can bear.

The halls of my delight grow dim,
  The flame no longer burns,
Feelings in my soul are grim
Can there be another him?
  I'll know – if she returns.

A CHAMA

Nos reinos de meu desejo
    Queima constante uma flama,
Toda vez que eu a vejo
Está aqui, não de sobejo,
    Mas não sei como se chama.

Dá umas voltas com a anágua
    Onde passa todo dia,
Corpo e alma em revoada
Por essa visão da amada,
    Mas dizer o quê, podia?

Está sempre em minha mente
    A sua graça peculiar,
Um ar tão deliqüescente,
Não há mais dessa semente,
    Já não dá para aguentar.

Mas meus reinos escurecem,
    Minha flama já não queima,
Meu sentimento arrefece,
E se alguém mais aparece?
    Saberei tirar a teima.

TO UNDERSTAND

So let it be said – we are but figments
    Lost and wandering in the empty void,
To never know just who or what we are
    In what way our existence is employed.
Like the essence of some wandering star
Its nearness coming to us from afar,
    Perhaps rejected or to be alloyed
    With mystery more, as life to be enjoyed,
Taken as such in individual ways
Attempt to understand our numbered days.

COMPREENDER

Diga-se – de artifícios não passamos
   Apenas soltos na imensidão vazada,
Sem saber quem somos ou o que é ela
   E de que modo nossa existência é usada.
Tal como a essência de uma vaga estrela
Avizinhando-se de nós, vindo de lá,
   Expelida ou talvez amalgamada
   Com mais mistério, tal como é apreciada
A vida, pelo indivíduo interpretada
Procurando entender os dias contados.

TOKEN

What is love but nature's sweet addiction?
    Inspired by motives of their own
All opposites attract by predilection
Benefice born out of benediction
    All to herself and for herself alone

All alone yet always two together
    What joy and happiness it all brings
Happiness that drifts just like a feather
Drifting, dreaming. yet uncertain whether
    Their love requires exchange of golden rings.

What is this golden ring when placed on hand?
    A finger ornament but nothing more
A token that their love will understand
The meaning of that dual wedding band?
    Available at any Carrefour.

PENHOR

O que é o amor senão o melhor dos vícios
    Inspirado por motivos apenas deles,
Os opostos se atraem, mesmo fictícios,
Vem como uma benção o benefício,
    Por causa dele e todo para ele.

Apenas um, mas sempre dois aí cabem
    Com a alegria e o calor que tudo alcança
Felicidade que paira feito a pluma
Que voa e sonha e mesmo assim não sabe
    Se o amor requer a troca de alianças.

O que é um anel em seu dedo colocado?
    Só enfeite, mais nada, eu lhe asseguro,
Um penhor de que o amor sabe guardar
O sentido do duplo aro nupcial?
    À venda no supermercado.

JANET

Sweet Janet, you are my delight,
Throughout the stillness of the night
With stars above, all shining bright,
    Oh Janet! Come to me.

The orb of sun's effulgent light,
Appears from out the dawning light
And everything will come aright,
    Oh Janet! Can't you see?

We share our love with all our might,
Two birds as one in frenzied flight
Hold me, hold me now, so tight,
    Oh Janet! – Ecstasy.

JANET

Oh, Janet, minha alegria,
Pela noite que sorria
E as estrelas na harmonia,
    Oh, Janet! Te aproxima.

O globo do sol eu via
Aparecendo na estria
E tudo com tanta magia,
    Oh, Janet! Tu não vinhas?

Mais amor não saberia
Dois pássarinhos no cio
Me segura, me extasia,
    Oh, Janet! Te aninha!

IN BRIEF

The eyes of blue celeste,
The smile in seeming jest,
The voice in which expressed,
The look that may suggest—
    All these add up to
    The thought of you.

The warmness of your gaze,
The symphony it plays,
The promise that it says,
The profile to amaze –
    In everything I do
    I think of you.

So if in your fair mind
You should occasion find
To somehow be inclined
To be so very kind –
    I give my heart to you
    In love so true.

BREVE

O olho, azul celeste,
O riso que diverte,
A voz que não se perde,
O olhar que se converte –
    A tudo isso acrescento
    O teu pensamento.

O calor de tua mirada,
A sinfonia inacabada,
A promessa sussurrada,
O perfil maravilhado –
    Em tudo o que eu faço
    Como que te abraço.

Se em tua bela mente,
Encontro tão somente
A inclinação que sentes
De ser benevolente –
    Dou-me a ti por inteiro
    Num amor verdadeiro.

LIFE'S ENDING

I have loved life, the youthful part the best
    And now my end is near, I feel no fear,
I go to sleep in an eternal rest
No timor mortis to put to the test,
    I am at peace, my loved ones all are here.

I am content to die with dignity,
    With complete ease my spirit drifts away
In quietude to meet my destiny
Whatever and wherever that may be
    Let fall no tears for me on my last day.

Free of the toils and troubles of this clime,
    Grasping the hand of whom I love to see
A kiss to last until the end of time,
A last embrace to signify that I'm
    Her constant love, however long it be.

O FIM DA VIDA

Amei a vida, a juventude mais.
    Agora que termina, não me abala
Ter que mudar para o descanso eterno.
Não sinto o *timor mortis*, estou em paz,
    Comigo está quem amo, e isso me apraz.

Contentei-me em viver com dignidade
    E é em quietude que minha alma vai
Saber de seu destino, qual será
E onde de fato ele possa estar.
    Não chore por mim, se o dia chegar.

Livre dos labirintos dessa trama,
    Cerrando a mão a quem gosto de ver,
Um beijo que termine no final
Do tempo e um abraço que murmure
    Ser eu seu amor constante, enquanto dure.

NO ANSWER AVAILABLE

We live our lives in transience
  With great pomposity,
We try to make it make some sense
  Religiosity?

Our vision of reality
  Is very far from true,
We guess with partiality
  As if we really knew;

"What is it all about" we say
  Regarding you and me,
Perhaps on some auspicious day
  Our curiosity

Will give us all that magic touch
  Of true veracity,
I fear, I doubt it very much
  We're blind and cannot see.

Perhaps it's all a mindless dream
  Of origin obscure,
And then despite all human scheme
  We never shall be sure.

NÂO HÁ RESPOSTA

Vivemos nossa vida em transição
   Com pomposidade,
Tentamos dar-lhe significação,
   Religiosidade?

Nossa visão da realidade
   É longe da verdadeira,
Adivinhamos com parcialidade
   Como sabendo a coisa inteira.

Para que tudo isso, nós dizemos,
   Quando um para o outro nós olhamos
Quem sabe um dia, um dia o saberemos,
   Curiosos como nós estamos.

Como por um mágico toque
   De verdade final?
Duvido, e isso porque
   Somos cegos, sem saber olhar.

Quem sabe seja um sonho descabido
   De inícios obscuros
E apesar do esquema humano tão sabido
   Nunca estaremos seguros.

OF SUMMER

Just now, while pensive in my room
  I caught a scent sublime,
Waft through the window like perfume,
Flowers, blossoms in full bloom;
  For summertime.

And gazing through the window there,
  Saw where the roses climb;
A vision, splendid, fragrant, fair,
Adrift upon the soft, sweet air
  Of summertime.

I gazed and gazed so joyfully
  Rose petals in their prime,
With a lazy honey bee
Seeking nectar hopefully;
  In summertime –
  My summertime.

VERÃO

Agora, em meu quarto, pensativo,
    Um aroma sublime cativo
Que entrou pelos vidros furtivo,
Botões e flores em pleno respiro
    Abrem-se ao verão.

E olhando pelo vidro à minha frente
    Vejo o alpendre das rosas,
Visão bonita, ardente,esplendorosa,
Paira no ar suave, intermitente,
    Por ser verão.

Eu contemplava pasmo de alegria
    Em seu fulgor as pétalas da rosa,
Como uma abelha cheia de teimosia
Procura no néctar a ambrosia
    Do meu verão.

A RIBBON IN HER HAIR

She wears a ribbon in her hair
　'Tis not to follow fashion,
Her forehead, cheeks are comely, bare,
While tresses lifted, debonair
　Hide not her sweet expression.

No long locks, her face is clear
　Her smile is all revealing,
She shows a soft and dulcet care
All her love is there to share,
　With tenderness and feeling.

Others may display some fashion
　And think their beauty fair,
But just for me in all creation
Living in sweet expectation –
　She wears a ribbon in her hair.

UMA FITA EM SEU CABELO

Ela traz uma fita no cabelo
    Não porque esteja na moda,
A testa alva, as faces queridas,
E as tranças presas, erguidas,
    Nada escondem de sua visão toda.

Não há madeixas no rosto lavado,
    Seu sorriso é revelador,
Expressa com leve e doce cuidado,
O amor a ser compartilhado
    Com ternura e fervor.

Outras podem seguir a estação
    E achar que o que usam é belo,
Mas só para mim na criação
Vivendo em suave aspiração –
    Ela traz uma fita no cabelo.

SWEET RENAISSANCE

Gloom all over and gone and I survive
    The hateful, cursèd cold and aspect drear;
    With anxious heart to know it's almost here
And all impatient for it to arrive.
My hopes uplift, I start to feel alive,
    New dreams, new aspirations now so near;
    Away with fear, for at this time of year
Expectancy will make all things to thrive.

Sweet birds aloft, to fly in from the south,
    Fresh buds appear on trees with branches bare.
Belovèd Springtime, first of nature's truth
    Appearing as to answer Winter's care
With all the world rejoicing in new youth,
    And hosts of daffodils, the joy to share.

DOCE RENASCER

Tudo brilha e reluz e eu resisto
   Ao odiado frio e ao seu triste feito;
   E ansiosamente sei, de qualquer jeito,
Que ela irá chegar e nisso invisto
Minha esperança. Sinto-me arisco,
   Novas aspirações a nosso alcance,
   Chega de medo. O tempo, de relance,
Vai fazer vingar tudo o que é visto.

Gárrulas aves do sul, em revoada,
   Nas plantas já vazias as folhas brilham;
A Primavera, a primeira verdade
   Da natureza, galga agora a trilha,
Responde ao inverno e a terra abençoada
   Das novas gemas a alegria partilha.

THE FALLEN STAR

See that the missile fired with ill-intent,
Affixed to wings of war as if 'twere meant
    As riddance of desire,
    Upon a path of fire;
Seeks blindly in its all too swift ascent.

But heat of emanation in the cloud,
Reflected imagery with target proud,
    Alleviates such blindness
    And following such kindness,
The missile will impact as it's allowed.

One more falling star in bright descend,
A beauty-trail it seems will never end,
    Until such flame and fire
    Eliminates desire;
No more a heart to beat or veil to rend.

A ESTRELA CAÍDA

O míssil disparado em má consciência,
Preso nas asas com tão grande ciência,
   Liberando qualquer jogo,
   Em seu caminho de fogo,
Sobe instantaneamente, sem vidência.

Mas o calor da emanação no nublado,
A imagem refletida, alvo visado,
   Alivia a cegueira
   E seguindo a esteira,
O míssil chocará, como esperado.

Mais uma estrela que cai no seu fulgor,
Num infindável caminho de cor,
   Até que a chama e o fogo
   Eliminem o jogo;
Um coração não bate e um véu rasgou.

ABSENT VICTORS

Touring through Paris streets one day,
With a guide to show the sights,
It was a city bright and gay
A brilliant place in every way
Seen from Montmartre's heights.

He showed me statues great and small
That I really should look upon
Elysée Palace, guards and all,
But especially do I recall
The tomb of Napoleon.

Les Invalides tomb has much to brag
Of glory there's much to view,
The flags of defeated nations sag
But where's Imperial Russia's flag?
And England's from Waterloo?

VENCEDORES AUSENTES

Andando um dia pelas ruas de Paris
Com um guia a mostrar todas as partes,
Uma cidade radiante e feliz
Brilhante em tudo, como se diz,
Vista das alturas de Montmartre.

Mostrou-me estátuas grandes e pequenas
Muitas coisas gloriosas para ver,
Palácio do Eliseu, guardas às dezenas,
Mas eu lembro especialmente de uma cena:
O túmulo de Napoleão.

Les Invalides têm do que falar
Vou visitá-los ou não sou quem sou,
Estandartes das naçoes perdentes, há
Meio caídos, mas o da Rússia, onde está?
E o da Inglaterra depois de Waterloo?

WINSTON SPENCER CHURCHILL

Funereal lilies I suppose
Suit better than the full-blown rose,
We hide our grief with solemn mien
And think how long his life has been.

A life so full of gallant deeds
Always to fill his country's needs,
Some errors in the early days
When fate and he took different ways.

But in his country's finest hour
He refused to beg or cower
But flung a gauntlet at the feet
Of those who thought surrender sweet.

He led with words and deeds to match
And now we stand and sadly watch,
A silent crowd along the street
Honour the man who shunned defeat.

A life of valour – ninety years,
People recall "blood, sweat and tears"
He served six monarchs in their reign:
His like will not be seen again.

WINSTON SPENCER CHURCHILL

Lírios funéreos eu bem acredito
Condizem mais do que rosa ou verbena,
Solenidades que enobrecem nossa pena
Fazem pensar que foi longa, a sua vida.

Vida tão cheia de grandes ações
Sempre da pátria atendendo aos pedidos,
Alguns erros no início, e suas razões
São que ele e o fado andavam divididos.

Na nobre hora em que a pátria precisa
Recusa-se ele a implorar ou a tremer
E a luva atira de encontro à divisa
Daqueles que intentavam se render.

Inspirou as gentes com ditos e feitos,
Que agora estão a olhá-lo aqui tão tristes;
Multidão muda na rua e em seu leito
Honra ao homem e a seu dedo em riste.

Vida e valor – noventa anos de idade,
O povo lembra-se: "Blood, sweat and tears",
Serviu vários reis e a História já sabe:
Outro como ele não irá repetir.

TWILIGHT

In the twilight, in the gloaming,
    Faint stars appearing one by one,
My heart no more will go a `roaming
    Its seeking and its searching done.

In cottage small, and stately hall
    Fair maids dwell there, so lonely,
In time I`ve come to know them all
    But now I love her only.

To captivate my errant heart
    Not easy to achieve it,
But, you know, right from the start
She had such beauty to impart –
    You'd better just believe it.

CREPÚSCULO

No brilho, ao findar do dia,
   Estrelas surgem uma a uma,
Pálidas, e o coração sem rumo
   Já encontrou o que queria.

Numa vila ou bangalô
   Há moças que moram sós,
Belas moças moram lá
   Mas eu fiz a escolha já.

Cativar meu coração
   Não foi coisa fácil não,
Mas já sabe do começo
Que a beleza não tem preço –
   É melhor acreditar.

APART

So place your hand in mine and then depart,
*   Our time together ended. And I know*
*   No tears or protestations. Let us go*
Without a sense of either's restless heart.
I only know I loved you from the start
*   And tried for all the world to make it so;*
*   The river will not slow its endless flow*
And time its retribution will impart.

I nevermore shall see upon your face
*   That understanding of desire and doubt,*
*   And silent smile that seemed a sign to send.*
All endless time gives nothing to replace
The nameless thing I cannot live without.
*   And in the end – I know I've lost a friend.*

SEPARADOS

Ponha sua mão na minha e vá-s´embora,
 Nossa vida em comum já terminou.
 Sem lágrimas. Ninguém recriminou.
Sem sentir nenhum senso do outro, agora,
Vamos. Só sei que a amei e desde o começo,
 Tentei fazer com que isso desse certo;
 O rio não cessa seu fluxo sem final
E o tempo a recompensa vai nos dar.

Eu nunca mais verei sobre seu rosto
 Esta mescla de dúvida e querer,
 E o sorriso silente, signo a remeter.
O tempo infindo não sabe devolver
O sem-nome sem o qual não sei viver
 E no final – perdi a de quem eu gosto.

THE POET

The poet can put down his pen, for now,
    Sufficient is the effort he has made,
He's done the best his talents can bestow
And hopes fate's dispensation will allow
    His poetry to progress unallayed.

To try to give impressions that he sees,
    By writing words – a battle to be fought
With perseverance, sacrificing ease,
Until he writes a poem that will please
    The muse that blesses his poetic thought.

O POETA

O poeta largue a pena por enquanto,
    Suficiente já é o esforço que ele fez,
Com seu talento já realizou tanto
E quer que a ação da sorte, sem quebranto,
    Permita a seus poemas terem vez.

Tentando dar ao que ele vê a impressão
    Com as palavras – uma luta a ser travada
Com pertinácia e sacrifício de afeição
Até ter o poema, com a benção
    Da musa que glorifica sua jornada.

Título	Sombras da Percepção
Autor	Geoffrey Lynn
Tradutor	Aurora Fornoni Bernardini
Editor	Plinio Martins Filho
Projeto gráfico e capa	Marcela Souza
Formato	13,5 x 21 cm
Tipologia	Minion 10,5/13
Papel	Pólen bold 90g/m
Número de páginas	144
Impressão	Prol Gráfica e Editora